Schäm dich!

Raus aus der Scham

und Beschämung

Dipl.Psych. Sonja Tolevski

ISBN: 9798370430183

Inhalt

Das Gefühl von Scham – eine Einführung

Scham kann als ein Gefühl der Verlegenheit oder Demütigung definiert werden, das durch die Wahrnehmung entsteht, etwas Unehrenhaftes, Unmoralisches oder Unangemessenes getan zu haben. Menschen, die sich schämen, versuchen normalerweise, das zu verstecken, wofür sie sich schämen. Wenn Scham chronisch ist, kann sie mit dem Gefühl einhergehen, dass du grundsätzlich fehlerhaft bist. Es ist oft schwer, Scham in sich selbst zu erkennen.

Scham ist zwar eine negative Emotion, aber ihr Ursprung spielt eine Rolle für unser Überleben als Mensch. Ohne Scham hätten wir vielleicht nicht das Bedürfnis, uns an bestimmte Normen zu halten, geltende Gesetze zu befolgen oder uns so zu verhalten, dass wir in einer sozialen Gemeinschaft leben können, ohne dass wir das Risiko eingehen, dass diese Gemeinschaft uns ausschließt und wir damit ein existenzielles Problem bekommen. Das haben schon Generationen vor uns verstanden, dass der Ausschluss aus einer Gemeinschaft den sicheren Tod bedeuten kann. Auch wenn das heutzutage nicht mehr so in das Gewicht fällt, so wird dennoch in uns eine Art Instinkt angesprochen, der das zu vermeiden sucht. Denn, da wir akzeptiert werden wollen, ist Scham ein schönes und bewährtes Mittel, das uns alle in Schach hält.

Scham hat nichts damit zu tun, wer du als Person bist (z. B. ob du gut oder schlecht bist). Scham ist eine verinnerlichte Erfahrung über dich selbst, einen Aspekt deines Charakters oder darüber, wie dich jemand behandelt hat (und wie du dich dadurch selbst gefühlt hast).

Aber: Scham bietet eine unerwartete Chance, uns zu verändern.

Wenn wir uns schämen, assoziiert unser Denken dies meist mit vermeintlichen Schwächen und Mängeln. Scham ist jedoch viel mehr als nur ein negativer emotionaler Zustand, der durch schmerzhafte Gefühle der Bloßstellung, Enttäuschung oder Unzulänglichkeit gekennzeichnet ist. Tatsächlich gibt es eine sehr wichtige und positive Komponente der Scham, die im Allgemeinen nicht betont wird. Eine wichtige Funktion der Scham ist es, uns darauf aufmerksam zu machen, wenn positive Gefühle, die wir gerade empfinden - Dinge, die wir genießen und von denen wir mehr wollen - durch etwas oder jemanden beeinträchtigt werden. Das, was wir später im Leben als

Scham empfinden, ist im Wesentlichen das Ergebnis von Kindheitserfahrungen.

Vielleicht mehr als jede andere Emotion motiviert Scham auch zum Lernen und zum Wunsch, sich selbst zu verändern. Denke nur an alltägliche Beispiele, bei denen Scham oder schambedingte Angst die Aufmerksamkeit auf Eigenschaften oder Verhaltensweisen lenkt, die man ändern möchte. Zum Beispiel der Antrieb zu lernen um auf keinen Fall bei einer Prüfung zu versagen und dabei dem Gefühl der Scham ausgesetzt zu sein. Stell dir all die Verhaltensweisen vor, die Menschen normalerweise vermeiden, weil sie wissen, dass ihre Handlungen bei ihnen selbst oder anderen ein gewisses Maß an Scham auslösen würden - von leichter Peinlichkeit bis hin zu tiefer Demütigung.

Jedoch: Vieles von dem, was als Symptome verschiedener Störungen empfunden wird, hat eine Grundlage in der Scham. Angstsymptome sind häufig auf Scham zurückzuführen. Abwehrreaktionen aufgrund von Schamangst können sich in Form von Phobien, Vermeidungsverhalten, Unruhe, Versagensängsten und selbstzerstörerischen Handlungen äußern. Schambezogene Ängste können fälschlicherweise als Angststörung eingestuft werden, obwohl das eigentliche Problem eher mit Scham und der Erwartung, die Emotion zu erleben, zu tun hat. Ähnlich ist ein Großteil dessen, was wir als Depression bezeichnen, mit Scham verbunden. Wenn Scham der Kern einer Depression ist, wird sie oft als behandlungs- und medikamentenresistent angesehen. Dass Scham eine Rolle spielt, wird deutlich, wenn man bedenkt, dass viele Symptome der Depression direkt die Abwehrreaktionen auf Scham widerspiegeln, nämlich Rückzug, Vermeidung, Angriff auf sich selbst und Angriff auf andere. Depressive Patienten, die lernen, die Auswirkungen von Schamerfahrungen zu erkennen, können die Kehrseite ihres emotionalen Zustands nutzen.

Die Evolution hat eine Emotion hervorgebracht, die sich so schlecht anfühlte, dass wir bemerkten, dass das, was sich gut anfühlte, gestört wurde. So entstand das Gefühl der Scham mit dem Zweck, uns durch ein schlechtes Gefühl mitzuteilen, dass unser Glück in Gefahr ist. Gerade weil sich Scham so schlecht anfühlt, ist sie die Emotion, die uns signalisiert, dass wir uns wieder versöhnen müssen, und die uns zu diesem Verhalten motiviert. Sie ist ein mächtiger Motivator für einen Wandel zum Besseren.

Scham verstehen

Scham kann langfristige emotionale Auswirkungen haben, die uns daran hindern, eine gesunde Beziehung zu uns selbst aufzubauen, die es uns ermöglicht, potenziell schädliche Botschaften und Verhaltensweisen richtig zu filtern und darauf zu reagieren. Im Idealfall wird uns von Kindesbeinen an beigebracht, wie wir unser tiefstes, ganzes Selbst annehmen können. Leider findet dieser Idealfall in den meisten Fällen nicht statt, sondern es ist eher umgekehrt. Uns wird von Kindesbeinen an beigebracht, dass wir unzulänglich sind, dass wir überflüssig sind und dass wir besser nicht unser wahres Ich zeigen, weil es keiner erträgt und sich im Anschluss von uns abwenden wird.

Drei wichtige Dinge passieren mit einer Person, die so viel Scham erfahren hat, dass sie zur Grundlage ihrer Beziehung zur Welt und zu sich selbst wird.

Erstens lernen Menschen, sich selbst nicht zu vertrauen. Jemand hat gesagt: "Mit dir stimmt etwas nicht". Das ist die Botschaft, die aufgenommen wird, wenn eine Person beschämt wird. Weil sie glauben, dass etwas mit ihnen nicht stimmt, neigen sie dazu, nicht nach innen zu schauen, um herauszufinden, was an und für sie selbst richtig ist. Sie sind nicht auf ihre Gefühle, Erkenntnisse oder ihre eigene Intelligenz eingestimmt, sondern schauen nach außen. Ihre Einstellung ist: "Jemand soll mir sagen, was richtig ist. Irgendetwas stimmt offensichtlich nicht mit mir, also fühlt sich alles, was ich hervorbringe, immer unzuverlässig und sehr unsicher an."

Diese Menschen vertrauen nicht mehr auf ihr inneres Bauchgefühl, sondern gehen darüber hinweg mit dem Gedanken: „Das mag sich für mich unangenehm anfühlen, aber da ich mir selbst nicht traue, achte ich nicht auf meinen natürlichen Schutzinstinkt. Ich glaube nicht, dass diese Gefühle in mir richtig sind."

Zweitens versuchen Menschen zwanghaft, sich selbst zu verbessern. Wenn sie glauben, dass etwas mit ihnen nicht stimmt, neigen sie dazu, im Außen nach Antworten auf ihre plagenden Probleme mit sich selbst und anderen zu suchen, bei einem Heiler, Guru, Lehrer, Freund, Seminar oder einer Bewegung - etwas, das sie von dem abbringt, was sie sind, das sie verändert und in Ordnung bringt. Die Menschen versuchen, sich von sich selbst zu heilen. Es ist nicht so, dass es schlecht ist, Lehrern zu folgen oder etwas von ihnen zu lernen. Was du aus den Erfahrungen und

Informationen mitnimmst, kann nützlich sein, aber das Gefühl, dass etwas mit dir nicht stimmt und du geheilt wirst, bestärkt dich immer wieder in deinem Glauben, dass du dir selbst nicht helfen kannst. Du kommst da nie raus, wenn du nie die Quelle deiner eigenen Lebenskraft findest und ihr folgst.

Drittens versagen die Menschen dabei, sich selbst zu schützen. Wenn ihnen etwas passiert oder sie sich unsicher fühlen, trauen sie ihrem Gefühl nicht, dass sie in Gefahr sind. Stattdessen denken sie, dass sie die Signale falsch deuten, weil ihre innere Autorität, ihr innerer Kompass sozusagen, nicht funktioniert. Sie ignorieren alles, was ihnen potenziellen Schaden zufügt, und sind daher offen dafür, verletzt zu werden. Menschen gehen immer wieder Beziehungen ein, die verletzend sind. Anstatt zu sagen: "Diese Person verletzt mich", fragen sie sich: "Warum tue ich Dinge, die andere dazu bringen, mich zu verletzen? Was stimmt nicht mit mir? Warum habe ich dieses Verhaltensmuster? Warum bin ich so empfindlich?" Sie denken nicht, dass ihr Partner gefährlich ist, sondern dass ihre vermeintliche Beeinträchtigung oder ihr Charakter der Grund für ihr Leiden ist.

Wenn ich ein Seminar gebe oder eine Hypnose-Sitzung mache, biete ich den Menschen an, was meiner Meinung nach oberste Priorität hat: Sie sollen ihr tiefstes Selbstgefühl wieder aufbauen und lernen darauf zu vertrauen. Wenn Menschen zu mir kommen, sind sie oft von ihrem Unterscheidungsvermögen - dem Teil von ihnen, der ihnen sagt, was richtig oder falsch ist - abgeschnitten, weil Scham in sie eingedrungen ist. Meine Aufgabe ist es, die Menschen wieder mit der eigenen Intuition zu verbinden, so dass sie, wenn ihnen jemand etwas antut, dem vertrauen, was sie fühlen, sehen und wissen. Sie müssen an ihr Denken glauben und darauf vertrauen, dass ihr Verstand gut ist und gut funktioniert, damit sie ihre Intuition nicht missachten. Sie müssen ihren Gefühlen vertrauen, damit sie das Gefühl nicht ignorieren, das ihnen sagt, ob sie sich öffnen oder verschließen sollen, ob sie sich vorwärtsbewegen oder zurückziehen sollen. Eine Person, die diese Verbindung hat, ist unempfindlicher gegenüber Einflüssen, die sie in eine Richtung zu lenken drohen, die nicht in ihrem besten Interesse liegt.

Da fragt man sich: Warum vertrauen Menschen nicht auf ihre innere Autorität?

Viele von uns wachsen damit auf, dass ihre natürlichen Impulse übergangen oder verunglimpft werden; das kann zeitweise oder kontinuierlich im Laufe des Lebens passieren. Wenn du Angst bekommst, sagt jemand: "Angst ist nichts Gutes; überwinde deine Angst; lass uns etwas tun, um deine Angst zu beruhigen", anstatt deine Angst als berechtigt anzuerkennen. Oder wenn du wütend wirst, hat mit Sicherheit ein Elternteil oder ein Lehrer dir schon gesagt hat, dass du nicht wütend werden sollst, auch wenn jemand etwas getan hat, das dich verletzt hat. Wut ist eine natürliche Reaktion, die die Gesellschaft zu unterdrücken versucht. Es gibt so viele Reaktionen, die wir haben und die in Ablehnung oder Unterdrückung gebracht werden. Anstatt dich zu ermutigen, deine innere Autorität über die Ursache deines Gefühls anzusprechen, wird diese ignoriert und es wird versucht, dich von außen zu erziehen. Du bist nicht mehr in der Lage, dich selbst zu steuern, dich mit dir selbst und deinem Bauchgefühl zu verbinden und zu wissen, was für dich richtig und falsch ist. Du wirst von jemandem von außen gesteuert. Wenn das ein ganzes Leben lang so ist, von der Zeit an, als du jung warst und dich auf eine bestimmte Art und Weise verhalten hast, die auf missbilligende Kommentare gestoßen ist, fängst du an, dich in gewisser Weise zu verändern, d.h. du bist angreifbar und verletzlich für die Botschaften, die andere dir vermitteln. Du und dein wirkliches Sein wird übergangen, weil du keinen Schutzmechanismus hast und deine innere Beziehung zu dir selbst nicht stabil ist.

Die Heilung von Scham erfordert, dass wir uns mit der Wahrheit unserer eigenen Erfahrung verbinden. Wir müssen unsere eigene Geschichte schreiben und unsere eigene Autorität werden.

Du bist umringt von Experten, die alle besser wissen, was gut für dich ist und auch genau wissen, warum das, was du eigentlich willst, nicht gut für dich ist. Angenommen, du sehnst dich nach einer Beziehung. Die Botschaft, die du von außen erhältst, könnte lauten, dass du jetzt keine Beziehung brauchst; du solltest dich selbst lieben, bevor du andere Menschen liebst. Es gibt so viele Botschaften, die uns aufgezwungen werden. Manche von ihnen sind für einen Moment gut, aber sie alle halten uns davon ab, zu lernen, uns mit uns selbst zu verbinden und uns selbst zu folgen. Eine tiefgreifende Veränderung ist nur möglich, wenn die Menschen offen sind für die Idee, dass sie ihren Gefühlen, Wahrnehmungen und Impulsen auf einer tieferen Ebene vertrauen können.

Wann wird Scham schädlich?

Scham kann problematisch werden, wenn sie verinnerlicht wird und zu einer übermäßig harten Bewertung der eigenen Person führt. Dieser innere Kritiker könnte dir sagen, dass du ein schlechter Mensch bist, wertlos bist oder fast keinen Wert hast. Die Wahrheit ist, dass das Ausmaß deiner Scham oft wenig mit deinem Wert oder dem, was du falsch gemacht hast, zu tun hat. Doch das bleibt uns allen meist vollkommen verborgen und wir fühlen den Zusammenhang eher nur auf der negativen, vernichtenden Seite. Andere gängige Begriffe, die sich mit Scham überschneiden, sind Peinlichkeit, Demütigung und Schuld. Diese verschiedenen Begriffe haben jedoch unterschiedliche Bedeutungen, die man kennen sollte, um Scham besser zu verstehen.

Bist du neugierig, was die Anzeichen dafür sind, dass dich jemand absichtlich beschämen will? Im Folgenden findest du einige Anzeichen, auf die du achten solltest.

- Sie sprechen mit einer übermäßig lauten Stimme über dich
- Sie zeigen mit dem Finger auf dich

- Sie starren dich an, stellen intensiven Augenkontakt her oder verweigern jeglichen Augenkontakt
- Sie machen sich über dich lustig oder setzen dich herab
- Höhnische oder spöttische Bemerkungen über dich oder deine Arbeit oder Leistung
- Sie machen sich vor anderen Leuten über dich lustig
- Sie stellen sich in aggressiver Weise über dich.

Während ein Kind, das beschämt wird, vielleicht Schwierigkeiten hat, dies als inakzeptables Verhalten zu erkennen, kannst du als Erwachsener das Beschämen als das erkennen, was es ist, und erkennen, dass die andere Person versucht, dich zu beschämen.

Du musst die Beschämung jedoch nicht verinnerlichen oder dich von ihr beeinflussen lassen. Du kannst z. B. selbstbewusst reagieren und die Person auffordern, dich mit Respekt zu behandeln. Natürlich wird das nicht in allen Situationen gehen, besonders, wenn du schon so weit im Teufelskreis der Scham steckst, dass du dich gar nicht mehr traust etwas dagegen zu sagen oder zu tun. Es geht also darum deinen Selbstwert zu stärken als allererstes Mittel gegen Scham.

Scham muss nicht länger bestimmen, wie du dich selbst siehst. Du kannst dich sogar dafür entscheiden, deine Scham zu erkennen und anzunehmen und sie dann hinter dir zu lassen. Wenn du zum Beispiel als Kind verlassen wurdest, schämst du dich vielleicht dafür, dass deine Eltern nicht bleiben wollten. In diesem Fall ist es besser, diese Scham zu erkennen und sie loszulassen, als an ihr festzuhalten. Manchmal kann man das schale Gefühl der Scham überhaupt nicht als das was es ist erkennen und festlegen, es ist einfach ein ungutes Gefühl, welches abgeschüttelt werden soll. Insofern kommen die wenigsten Menschen auf die Idee, dass man Scham auch hinter sich lassen kann.

Wenn du dich für einen bestimmten Aspekt deines Charakters schämst oder für etwas, wofür dich andere verurteilt haben, brauchst du wahrscheinlich eine gute Dosis gesunder Selbstannahme und Selbstbewusstsein. Du brauchst dich oder deinen Charakter nicht zu ändern, um ein wertvoller Mensch zu sein. Wenn du dich selbst akzeptierst, wirst du weniger Scham empfinden und dich weiterentwickeln können.

Symptome von Scham

Fragst du dich, ob Scham in deinem Leben eine große Rolle spielt? Fragst du dich, ob du dich vielleicht häufiger schämst?

Nachfolgend findest du eine Liste von selbstschädigenden Schamreaktionen, die sicherlich noch ergänzt werden kann.

- Empfindlich sein oder sich Sorgen darüber machen, was andere von dir denken
- Das Gefühl, nicht gewürdigt oder manipuliert zu werden oder dass andere dich ausnutzen
- Das Gefühl, abgelehnt zu werden, Reue zu empfinden, unzulänglich zu sein oder wenig Einfluss zu haben
- Unkontrollierbares Erröten oder die Angst, unpassend oder hilflos auszusehen
- Sorge, dass du nicht mit Respekt behandelt wirst, oder dass du das letzte Wort haben willst
- Du hast das Gefühl, dass du nicht dein wahres Ich sein kannst, oder teilst deine Gedanken oder Gefühle nicht mit, weil du Angst hast, dich zu blamieren

- Du machst dir mehr Sorgen, zu versagen, als etwas Unmoralisches oder Unehrenhaftes zu tun, du bist ein Perfektionist

- Du fühlst dich wie ein Außenseiter, anders oder ausgegrenzt, oder du hast das Gefühl, dass du anderen nicht trauen kannst und misstrauisch bist.

- Du fühlst dich wie ein Mauerblümchen, schottest dich ab oder ziehst dich zurück, versuchst, dich zu verstecken oder unauffällig zu sein, oder willst nicht im Mittelpunkt stehen, geschweige denn, in die Situation der Beurteilung kommen

Findest du dich in einem oder mehreren Punkten dieser Aufzählung wieder? Es ist schon erstaunlich, welche Auswirkungen Scham auf uns hat und auf wie viele emotionale Schichten die Scham einwirkt.

Im Laufe dieses Buches wollen wir uns mal verschiedene Aspekte und Meinungen zum Thema Scham anschauen und am Ende möchte ich dir noch mit auf den Weg geben, was du dagegen tun kannst.

Wie erkennen wir Scham?

Die folgenden Verhaltensweisen sind Beispiele für Dinge,
die Menschen tun, wenn sie sich schämen:

- nach unten schauen, anstatt anderen in die Augen zu sehen
- Den Kopf tief hängen lassen oder die Schultern hängen lassen, anstatt aufrecht zu stehen
- Sie fühlen sich wie erstarrt oder unfähig, sich zu bewegen.
- Nicht in der Lage zu sein, spontan zu handeln
- Sie stottern, wenn sie versuchen zu sprechen, oder sprechen mit zu leiser Stimme
- Sie verstecken sich vor anderen
- Weinen, wenn sie sich schämen oder peinlich berührt fühlen

Vier Kategorien des Schamverhaltens

In mehreren wissenschaftlichen Artikeln kann man von den vier Kategorien von Schamverhalten lesen:

1. Die überschäumende Reaktion

Das sind Dinge, die du tust, wenn du dich schämst und dich verteidigst, wie z.B. in Wut ausbrechen oder die andere Person angreifen, um die Aufmerksamkeit von dir abzulenken. Die heiße Reaktion ist normalerweise eine impulsive Reaktion.

2. Verhaltensweisen zur Bewältigung oder Verstecken der Scham

Zu diesen Verhaltensweisen gehören Dinge, mit denen du dich klein fühlst, du versuchst zu vermeiden, im Mittelpunkt zu stehen, oder du teilst deine Gedanken und Gefühle nicht mit. Sich zu verstecken ist eine Methode des Selbstschutzes.

3. Sicherheitsverhalten, um Scham oder die Entdeckung von der Scham zu vermeiden

Zu dieser Kategorie von Schamverhalten gehören Dinge wie, sich entschuldigen, weinen oder Konflikten aus dem Weg gehen. Menschen, die dazu neigen, emotional zu sein oder Konflikte zu vermeiden, neigen eher dazu, sich sicherheitsorientiert zu verhalten.

4. Verhaltensweisen zur Verdrängung von Scham

Dazu gehören zum Beispiel Dinge, mit denen du dich selbst beruhigst oder dich bei anderen entschuldigst. Wenn du zum Beispiel einen wichtigen Jahrestag vergessen hast, könntest du dir einreden, dass du viel um die Ohren hattest, oder mit Gesten zeigen, dass es dir leidtut.

Arten von Scham

Neben den vier groben Kategorien von Scham gibt es noch viele andere Arten von Scham. Im Folgenden sind einige davon aufgeführt.

Flüchtige Scham

Flüchtige Scham bezieht sich auf das flüchtige Gefühl, das du bekommst, wenn du einen Fehler machst, z.B. in einem sozialen Umfeld. Es geht normalerweise schnell vorbei und verursacht keine Probleme in deinem Leben. Eine vorübergehende Scham kann sogar nützlich sein, weil sie dich dazu bringt, dem Feedback anderer mehr Aufmerksamkeit zu schenken und dein Verhalten neu zu überdenken oder neu auszurichten.

Chronische Scham

Chronische Scham begleitet dich die ganze Zeit und gibt dir das Gefühl, nicht gut genug zu sein. Diese Art von Scham kann dein Funktionieren und deine psychische Gesundheit beeinträchtigen.

Demütigung

Demütigung ist eine der intensivsten Formen von Scham und tritt auf, wenn wir uns für etwas schämen. Oft wird sie empfunden, wenn etwas vor anderen Menschen passiert. Ebenso kann Demütigung auch angestoßen werden durch unschöne Kommentare anderer Menschen, die schon erkannt haben, dass du in einem beschämten Zustand bist.

Niederlagen

Wir können Scham empfinden, wenn wir versagen oder eine Niederlage erleben. Wenn du zum Beispiel im Sport verlierst, schämst du dich vielleicht für diese Niederlage. Oder du schämst dich, weil du bei der Arbeit nicht befördert wurdest. Ebenso kann es sein, dass du dich schämst, weil eine Beziehung nun doch nicht funktioniert hat und du verlassen wurdest.

Scham vor Fremden oder anderen Menschen

Scham vor Fremden spiegelt das Gefühl wider, dass sie entdecken werden, dass mit dir etwas nicht stimmt. Einige Studien haben ergeben, dass sowohl eine kognitive

Verhaltenstherapie als auch eine Hypnotherapie soziale Angstsymptome reduziert, indem sie die Anfälligkeit für Schamgefühle verringert. Hierzu muss noch ergänzend gesagt werden, dass du mit einer Hypnose in viel kürzerer Zeit Erfolge verzeichnen kannst, als mit der herkömmlichen Psychotherapie, welche unter Umständen mehrere Monate bis Jahre gehen kann.

Scham vor anderen bezieht sich auf die Art von Scham, die man empfindet, wenn man sich vor anderen Menschen schämt. Diese Form der Scham ist mit dem Gefühl der Erniedrigung verbunden. Interessant in diesem Zusammenhang ist auch der Begriff des „Fremdschämens". Dieses Gefühl wird in den allermeisten Fällen nur in der Gegenwart von anderen Menschen erlebt. Nur selten tritt es auf, wenn man etwas auf social media oder im TV sieht, und alleine ist. Dagegen in einer Gemeinschaft und der eigenen Wahrnehmung, dass andere Personen im Raum dasselbe beobachtet haben, kann das Fremdschämen sehr schnell auftauchen.

Leistungsscham oder Lampenfieber

Eine weitere Form der Scham ist das Gefühl, sich seiner Leistung bewusst zu sein. Sie tritt vor allem bei öffentlichen Auftritten sowie bei musikalischen und sportlichen Darbietungen auf. Manche behaupten, dass Leistungsscham eine transformierende Kraft ist, die sich sowohl auf den "Darsteller" als auch auf die anderen Teilnehmer der Veranstaltung auswirkt. Andere empfinden es als Motivation zur maximalen Leistungsbereitschaft, um nicht in ein Versagen zu geraten.

Scham über sich selbst

Das Gefühl, eine minderwertige Person zu sein, kann zu Scham über sich selbst führen. Dies ist eine chronische Form der Scham mit langanhaltenden Auswirkungen. Besonders wenn Erniedrigung oder Mobbing im Kindesalter stattgefunden haben, ist es sehr wahrscheinlich, dass sich eine Scham über sich selbst etabliert hat. Auch hier kann eine Hypnose sehr gut und sehr schnell eine wirkungsvolle Hilfe sein.

Unerwiderte Liebe

Scham, die aus unerwiderter Liebe resultiert, ist eine weitere Art von Scham. Das ist das Gefühl, nicht gut genug für eine andere Person zu sein. Wer diese Erfahrung gemacht hat, hat nur in den seltensten Fällen sich selbst als zu wertvoll für den „Nicht-Liebenden" empfunden. Interessanterweise wird diese Erfahrung in nahezu allen Fällen als eigene Niederlage, als Unwert oder sogar als Bloßstellung empfunden.

Unerwünschte Bloßstellung

Öffentliche Demütigung bedeutet ungewollte Bloßstellung und ist eine weitere Art von Scham. Ein Beispiel wäre, einen Fehler in der Öffentlichkeit zu machen und von jemandem darauf hingewiesen zu werden. Ein weiteres Beispiel wäre, in der Öffentlichkeit nicht die gewünschte Souveränität aufrecht halten zu können. Ebenso ist eine unerwünschte Bloßstellung bei manchen Paaren zu beobachten, welche bei einer Party den anderen mit Sticheleien angreifen oder Details über den Partner oder an den Partner adressierte Kritik in einer solchen Lautstärke erzählen, als ob der Partner nicht anwesend ist.

Dieses Verhalten löst jedoch auch bei den Anwesenden eine Art „Fremdscham" aus, was dem angreifenden Partner meist nicht bewusst ist.

Enttäuschung oder Scheitern

Wenn deine Erwartungen nicht erfüllt werden oder du bei etwas versagst, kann es sein, dass du dich für dein Versagen oder deine Enttäuschung schämst. Dies ist eng mit der Scham über eine Niederlage verbunden und ist in vielen Fällen auch die Basis für harte Selbstkritik. Entweder verurteilst du dich dafür, dass du es nicht geschafft hast, oder dass du tatsächlich an eine Erfüllung deiner Hoffnung oder deines Wunsches geglaubt hast, oder dafür, dass es dir in deinem kindlichen Gemüt, etwas ausmacht, dass es eine Enttäuschung gab.

Ausgrenzung

Wenn du das Gefühl hast, aus einer Gruppe ausgeschlossen zu werden, von der Gruppe nicht gemocht zu werden oder nicht dazuzugehören, kann es sein, dass du dich schämst, ausgeschlossen zu sein. Diese Art von Scham ist auch bei sozialen Ängsten verbreitet. Ausgrenzung und Scham treten, zum Beispiel in unserer oberflächlichen Gesellschaft, bei Menschen mit Gewichtsproblemen aufgrund von sozialer Stigmatisierung und Gewichtsvorurteilen häufig auf. Aber, wenn du als Kind schon nicht zur Familie gehören durftest, weil du den Wünschen und Idealen deiner Eltern nicht genügt hast, dann hast du vermutlich bis ins Erwachsenenalter immer noch das Gefühl nicht dazuzugehören. Jede kleine Kritik bringt dich in das Gefühl zurück, dass du nicht dazugehörst und dass du dich gefälligst für dich selbst schämen solltest, denn nur deshalb wirst du ausgegrenzt. Daraus kann in sehr kurzer Zeit eine dauerhaft verinnerlichte Scham entstehen, wobei hierbei jedes Wort der Anderen auf die Goldwaage gelegt wird und daraus auch die eigene emotionale Verfassung abhängt.

Verinnerlichte Scham

Verinnerlichte Scham bezieht sich auf Scham, die nach innen gekehrt wurde. Wer zum Beispiel in seiner Kindheit missbraucht wurde, fühlt sich möglicherweise unwürdig oder schämt sich für seinen Missbrauch. Ebenso, wer immer nur mit den Worten „das könntest du aber besser machen" gelobt wurde, wird auf Dauer eine Art Scham verinnerlichen, niemals gut genug zu sein und leider auch nie etwas dagegen tun zu können. Es gibt tatsächlich zig Beispiele von wirklich erfolgreichen und berühmten Menschen, die ich kennenlernen durfte, welche sich niemals als gut genug empfinden und auch niemals eine Zufriedenheit in ihrer Leistung empfinden können, da es ja nie gereicht hat. Dieser Zustand ist toxisch und führt sehr leicht in die Depression oder in eine Sucht, wobei natürlich Workoholismus nur eine der Süchte ist, die daraus resultiert.

Toxische Scham

Toxische Scham ist der verinnerlichten Scham insofern ähnlich, als dass sie die Vorstellung beinhaltet, dass mit dir im Inneren etwas nicht stimmt. Toxische Scham ist Teil deiner Person und nicht nur ein vorübergehender Zustand. Menschen, die unter toxischer Scham leiden, versuchen oft, ein perfektes Äußeres zu präsentieren, um zu verbergen, wie sie sich im Inneren fühlen. Perfektionismus ist im Grunde eine klare Aussage, die die Angst vor Kritik

oder Schimpfen – in manchen Fällen sogar- vor Schlägen
beinhaltet. Wer Perfektionist ist, möchte die Angriffsfläche
so minimieren, dass es gar keine schwer zu ertragende
Reaktion beim Gegenüber gibt.

Gesunde Scham

Schließlich kann es auch gesunde Scham geben. Scham
kann gesund sein, wenn sie dich dazu bringt, soziales
Verhalten zu zeigen, dich über dich selbst lachen zu lassen,
dich demütig zu machen oder dir Grenzen aufzuzeigen.
Ohne zumindest ein bisschen Scham hätten Menschen
Schwierigkeiten, die Auswirkungen ihres Verhaltens auf
andere Menschen zu beurteilen. Moralverständnis
entsteht im Laufe der Kindheit über das Verstehen,
welches Verhalten zu welchen Auswirkungen führt. Dazu
habe ich bereits erwähnt, dass es im sozialen Gefüge
früher lebenserhaltend war, in der Gemeinschaft leben zu
können und sich einzufügen.

Ursachen von Scham

Fragst du dich, was Scham verursacht?

Es gibt eine Vielzahl möglicher Ursachen für die verschiedenen Arten von Scham, von denen einige vorübergehend sind und andere ihren Ursprung in der Kindheit haben können. Außerdem können manchmal auch psychische Probleme die Ursache für Scham sein.

Werfen wir einen Blick auf einige der möglichen Ursachen für Scham:

- Trauma oder Vernachlässigung in der Kindheit
- Jede psychische Störung, die mit Selbstkritik oder Beurteilung einhergeht (z.B. soziale Angststörung)
- Du erfüllst die zu hohen Ansprüche, die du an dich selbst stellst, nicht
- Du erfüllst die zu hohen Ansprüche, die an dich gestellt werden, nicht
- Das Gefühl, dass deine Schwächen oder Unzulänglichkeiten aufgedeckt werden
- Das Opfer von Mobbing zu sein
- Erwartungen nicht erfüllt werden oder du versagst

- Ablehnung durch andere oder die Schwächung einer Beziehung

Wie Scham nur zu schlechten Konsequenzen führt, denn Scham kann uns selbst, anderen durch Schuldzuweisungen oder uns selbst oder anderen in Form von Gewalt Schaden zufügen.

Während Schuldgefühle auch konstruktive Folgen haben können, gibt es bei Scham keine guten oder konstruktiven Folgen.

Leider wird Beschämung schon seit Jahrhunderten eingesetzt, um Kinder zu disziplinieren und Erwachsene dazu zu bringen, sich gemäß den gesellschaftlich akzeptierten Normen zu verhalten oder auch rein zur Manipulation, so dass der Beschämte das tut, was der Andere will. Viele von uns sind in ihrer Kindheit von frustrierten Eltern oder Lehrern gefragt worden: "Was ist los mit dir?! Du bist doch nicht normal!" Oder vielleicht war es ein Partner, ein Freund oder sogar ein Ehepartner, der diese Frage in einem Moment der Wut gestellt hat, als ob er uns besser verstehen wollte. Hat diese Frage jemals zu einer konstruktiven Diskussion über die Probleme geführt,

mit denen wir konfrontiert waren? Ich bezweifle das sehr.
Im Gegenteil, Beschämung führt nur zu negativen
Konsequenzen für uns selbst und/oder für andere in
unserer Nähe.

Die Gefahren des Schamgefühls

Die schädlichen Folgen von Schamgefühlen hängen von der Grundpersönlichkeit der Person, ihren früheren Erfahrungen und ihren aktuellen Bewältigungsstrategien ab. Es gibt drei generelle Arten, wie Scham schädlich ist: Wir schaden uns selbst; wir schaden anderen, indem wir sie beschuldigen und unsere Verantwortung nicht übernehmen; und wir schaden uns selbst oder anderen in Form von Gewalt.

-    Die schädlichen Folgen der Scham für uns selbst

Die Forschung hat gezeigt, dass häufige Probleme, die mit der Erfahrung von Scham verbunden sind, zu Angstzuständen und Depressionen führen. Studien haben insbesondere einen Zusammenhang zwischen Scham und sozialer Angststörung sowie generalisierter Angststörung gezeigt. Diejenigen, die zu Schamgefühlen neigen, haben auch ein geringes Selbstwertgefühl, das mit falschen Überzeugungen wie "Ich bin ein Versager", "Ich bin fehlerhaft" oder "Ich verdiene es nicht, glücklich zu sein" zusammenhängt. Diese selbstkritischen Aussagen verstärken die Symptome von Depressionen und Angstzuständen.

Eine andere Art, wie Scham dem Selbst schadet, zeigt sich in der Verbindung zwischen Scham und Sucht. Bei manchen Menschen, die zu süchtigem Verhalten neigen, wird das Suchtmittel verwendet, um die intensiven und schmerzhaften negativen Gefühle, einschließlich der Scham, zu betäuben.

-       Die Verbindung von Scham und Schuldgefühlen

Personen, die zu Scham neigen, reagieren in der Regel mit übermäßiger Abwehr und Schuldzuweisungen an die andere Person, die an dem Problem beteiligt ist. Wenn die Scham die Schuld überwiegt, ist der Fokus nach innen größer als der Fokus auf den anderen und kann sehr schwer zu bewältigen sein. Während das Schuldbewusstsein durch Handlungen bewältigt werden kann, die Reue ausdrücken oder den entstandenen Schaden wiedergutmachen, können Schamgefühle nicht durch konstruktive Handlungen gelöst werden. Für manche Menschen ist das unmittelbare Gefühl, fehlerhaft oder nicht liebenswert zu sein, so schmerzhaft, dass sie es nicht anerkennen und durch rationale Selbstaussagen korrigieren können. Die Abwehrreaktion besteht darin, die

Schuld auf jemand anderen zu schieben. "Es kann nicht meine Schuld sein; es muss deine Schuld sein." Dieses Muster macht natürlich auch nicht vor den engsten Beziehungen halt. Es ist klar, dass diese Art von Reaktion, wenn sie zur Gewohnheit wird, in Beziehungen sehr destruktiv sein kann.

- Scham und Gewalt

Die wohl am wenigsten bekannte Folge von Scham ist ihre Verbindung zu Gewalt. Während die meisten von uns auf Schamgefühle entweder mit Selbstkritik oder Fremdkritik (Schuldzuweisungen) reagieren, reagieren die instabilsten und emotional verletzlichsten unter uns auf Schamgefühle mit Gewalt. Eine gewalttätige Reaktion kann selbstgesteuert oder nach außen gerichtet sein. Wenn Scham zu Gewalt gegen andere führt, kann es sich bei den Geschädigten um enge Familienmitglieder handeln. Es kann sich aber auch um völlig fremde Menschen handeln. Es gibt mehrere Faktoren, die dazu beitragen, dass die Person einen Grad an Verzweiflung erreicht, der ihren Widerwillen, andere zu verletzen, verringert. Die Schamgefühle, einschließlich des geringen

Selbstwertgefühls und der Selbstwahrnehmung, fehlerhaft zu sein, sind so stark, dass die Person sich in Gefahr sieht. Die Wut wird dann als Waffe eingesetzt, um die Person(en) zu verletzen, die das Gefühl der Wertlosigkeit und Hoffnungslosigkeit ausgelöst haben.

Was feststeht: Scham steht in engem Zusammenhang mit einer Vielzahl menschlicher Leiden, darunter Angstzustände, Depressionen, Drogenmissbrauch, Schuldzuweisungen, Mobbing, Selbstmord und Gewalt gegen Angehörige und Fremde. Es gibt keine guten oder konstruktiven Auswirkungen von Schamgefühlen oder der Beschämung anderer. Schuldgefühle können konstruktiv sein, wenn sie zu Empathie und Wiedergutmachung führen, während Scham nur dazu führt, dass man sich selbst oder anderen mehr Schaden zufügt. Der berühmte Carl Jung sagte dazu: "Scham ist eine seelenfressende Emotion, und wir müssen uns erst von der inneren Scham befreien, nicht gerade das perfekte Exemplar der Gesellschaft zu sein."

Die Auswirkungen von Scham auf die psychische

Gesundheit und auch auf den Alltag schauen wir uns noch

genauer weiter unten an.

Auswirkungen von Scham

Wenn du schon einmal Scham erlebt hast, weißt du wahrscheinlich, dass sie negative Auswirkungen auf dein Leben haben kann. Im Folgenden sind einige der möglichen negativen Auswirkungen aufgeführt, die du aufgrund von Scham erfahren könntest:

- Es gibt dir das Gefühl, dass du unvollkommen bist oder dass etwas mit dir nicht stimmt.
- Kann zu sozialem Rückzug führen, vor allem, wenn es eine Folge der öffentlichen Stigmatisierung ist
- Kann zu Abhängigkeiten führen (z. B. Alkohol, Drogen, Shopping, Sex)
- Kann dazu führen, dass du defensiv wirst und andere beschämst
- Kann dazu führen, dass du andere schikanierst, wenn du selbst schikaniert wurdest
- Kann dazu führen, dass du dein Ego aufbläst, um zu verbergen, dass du keinen Wert hast (narzisstische Persönlichkeit)
- Kann zu körperlichen Gesundheitsproblemen führen

- Kann mit Depressionen und Traurigkeit verbunden sein

- Kann dazu führen, dass du dich leer, einsam oder ausgelaugt fühlst

- Kann zu einem verminderten Selbstwertgefühl führen

- Es kann dir schwerer fallen, anderen Menschen zu vertrauen

- Kann es dir erschweren, eine Therapie zu machen oder das Gefühl zu verlieren, dass du beurteilt wirst

- Kann zu Perfektionismus oder Leistungsüberschreitung führen, um deine Schamgefühle zu kompensieren

- Kann dazu führen, dass du dich bei anderen beliebt machst

- Kann dazu führen, dass du das Reden vermeidest, weil du Angst hast, das Falsche zu sagen

- Kann zu zwanghaftem oder exzessivem Verhalten wie strengen Diäten, übermäßiger Arbeit, übermäßigem Putzen oder zu hohen Ansprüchen im Allgemeinen führen

Wie du siehst, führen die meisten Auswirkungen von Scham zu Verhaltensweisen, die einen Teufelskreis schaffen. Du schämst dich, was dich zu Verhaltensweisen veranlasst, die zu weiteren Schamgefühlen führen können. Diese Verhaltensweisen können auch für sich selbst schädlich sein und potenzielle körperliche oder psychische Gesundheitsprobleme verursachen.

Scham und psychische Gesundheit

Die Forschung hat wiederholt eine Verbindung zwischen der "Anfälligkeit für Scham" und psychischen Problemen hergestellt.

Zu den psychischen Erkrankungen, die mit Scham in Verbindung gebracht werden, gehören:

- Ängste
- Depressionen
- Essstörungen
- Geringes Selbstwertgefühl
- Soziopathie
- Scham vs. Schuldgefühle

Bevor wir uns damit beschäftigen, wie wir anfangen können, weniger Scham zu empfinden, ist es wichtig, den

Unterschied zwischen Scham und Schuld zu kennen. Scham wird oft mit Schuldgefühlen verwechselt, aber eigentlich sind das zwei verschiedene Dinge, welche in der Umgangssprache keine große Unterscheidung bieten. Wir schauen uns das mal genauer an.

Ist es Scham oder Schuld, die du fühlst?

Ich erinnere mich, dass ich mich schämte, als ich eingeschult wurde, dass meine Mutter wesentlich älter war als die Mütter meiner Mitschülerinnen und Mitschüler. Ich schämte mich normalerweise nicht für sie, aber ich dachte, dass der Kontrast zu den anderen Müttern Außenstehende oder Freunde dazu bringen könnte, unsere Familie zu kritisieren. Ich hatte oft genug mitbekommen, dass wir von den Menschen verbal und auch nonverbal kritisiert und angegangen wurden, aufgrund der Tatsache, dass wir eine Gastarbeiterfamilie waren. Ich wollte nicht, dass unsere Familie als "anders" angesehen wird. Wenn man uns nun als „anders und ungewollt und nur geduldet" ansieht, da wir einer Minderheit angehörten, dachte ich, dass dies eine Quelle der Scham sein könnte.

Ich kann bestätigen, dass man sich bei Scham weniger wertvoll, unzulänglich oder minderwertig fühlt, so wie ich es tat. Aufgrund der Erwartungen der Gesellschaft, stellte ich mir vor, dass es noch mehr Angriffsfläche geben könnte. Scham ist ein schmerzhaftes Gefühl darüber, wie wir auf andere und auf uns selbst wirken, und hängt nicht unbedingt davon ab, dass wir etwas getan haben. Ich habe nichts getan! In dieser Hinsicht ist sie etwas anderes als Schuld.

Was ist der Unterschied zwischen Scham und Schuldgefühlen?

Viele Menschen verwechseln Scham mit Schuld, aber das sind zwei verschiedene Dinge. Schuldgefühle beschränken sich in der Regel auf eine Handlung, die wir unternommen oder nicht unternommen haben, während Scham ein allgegenwärtiges negatives Gefühl ist, das sich darauf bezieht, wie wir uns insgesamt fühlen. Mit anderen Worten: Wir fühlen uns schuldig für das, was wir tun, aber wir schämen uns für das, was wir sind. Scham ist das Gefühl, unwürdig, schlecht oder falsch zu sein, während wir uns bei Schuld schlecht fühlen, weil wir unseren eigenen Erwartungen nicht gerecht geworden sind.

Manchmal kann Scham auch das Gefühl von Scham hervorrufen. Du schämst dich dann für deine Gefühle. Niemand, der in einer guten Beziehung ist, schämt sich für das Verhalten des Liebsten in der Öffentlichkeit? Gute und liebevolle Eltern schämen sich doch nie für ihre Kinder, oder? Kleine Kinder schämen sich nicht für ihre Eltern? Falsch!

Jeder, der sich schon einmal für jemand anderen geschämt hat, weiß, dass es ein vorübergehendes Gefühl ist, jedoch die eigene Scham darüber, dass man sich für einen geliebten Menschen geschämt hat, das bleibt viel länger haften. In meinem Fall ist diese Scham tatsächlich die einzige aktive Erinnerung an meine Einschulung. Die Tatsache, dass meine Mutter zwei Monate später überraschend verstorben ist, hat den Eindruck der Scham und der Schuld nur verstärkt und nicht zu dessen Überwindung geführt.

Schuldgefühle:

Schuldgefühle beziehen sich in der Regel auf etwas, das du getan hast. Schuld bezieht sich auf etwas, das du falsch gemacht hast oder auf ein Verhalten, wegen dem du dich schlecht fühlst.

Scham:

Scham bezieht sich auf etwas in deinem Charakter oder auf dich als Person, dass du für inakzeptabel hältst. Scham bedeutet nicht, dass du etwas falsch gemacht hast. Es geht um ein Gefühl, das du hast, wenn du merkst, dass du in irgendeiner Weise nicht gut genug bist.

Während es bei Schuldgefühlen um falsche Handlungen geht, geht es bei Scham darum, als Person falsch zu sein.

In der Psychologie wird Scham damit in Verbindung gebracht, dass man Misserfolge und deren Folgen vermeidet, während Schuldgefühle mit (Selbst-)Vergebung, Selbstverbesserung und Wiedergutmachung zu tun haben. Zu lernen, deine Schuldgefühle von deiner Scham zu trennen, ist einer der ersten Schritte, um weniger Scham zu empfinden.

Hast du Angst davor, was andere von dir denken?

Die Scham lastet auf jedem, der die durchdringenden Blicke von Schaulustigen spürt (seien sie nun echt oder eingebildet). Schlimmer noch, der Schmerz der Scham kann deine Gesundheit nachhaltig beeinträchtigen. Es gibt immer mehr Beweise dafür, dass diese Art von psychischem Stress Herzprobleme verschlimmern und das Immunsystem schwächen kann. Das legt nahe, dass wir unsere persönlichen Unsicherheiten genauso im Auge behalten sollten wie unseren Alkoholkonsum und das Rauchen. Um deines Herzens und Körpers willen solltest du dein Selbstbild fürsorglich behandeln.

Stress - egal welcher Art - wird mit Depressionen, Herz-Kreislauf-Erkrankungen und dem schnellen Fortschreiten von Krankheiten in Verbindung gebracht. Forschungen, die diesen Zusammenhang untersucht haben, zeigen, dass der Schaden aus zwei Richtungen kommt. Menschen, die unter Stress stehen, entwickeln oft schlechte Angewohnheiten, wie z. B. weniger zu schlafen, nicht ins Fitnessstudio zu gehen, Junkfood zu essen, mehr zu rauchen und mehr zu trinken. Zweitens reagiert der Körper auf psychischen Stress.

Wie in Filmen, in denen Männer einen Herzinfarkt erleiden, wenn sie zu hart arbeiten, den Stress in der Beziehung haben oder widerspenstige Kinder anschreien, ist seit langem bekannt, dass Angst und Wut eine Kampf-oder-Flucht-Reaktion darstellen, bei der Herzfrequenz, Blutdruck und Stresshormone wie Cortisol ansteigen. Vor allem zu viel Cortisol kann andere Körpersysteme ausschalten oder verändern. So ist zum Beispiel bekannt, dass ein hoher Cortisolspiegel das Immunsystem unterdrückt und auf Dauer Muskeln angreift. Magengeschwüre können entstehen.

Aber auch wenn der niederschmetternde Stress eines schlechten Selbstbildes nicht mit den ungezügelten Gefühlen von Wut und Angst vergleichbar zu sein scheint, kann diese Art von ängstlicher Sorge auch zu körperlichen Schäden führen. Nicht jeder quält sich wegen seines Körperbildes, überflüssigem Fett oder einer schlechten Position am Arbeitsplatz. Aber Menschen, die generell stärker auf soziale Signale reagieren, zeigen mehr körperliche Anzeichen von Stress. In einer Studie hielten Probanden eine Rede oder lösten Matheaufgaben, während sogenannte Bewerter ihnen entmutigende Blicke zuwarfen. Die Beschämten gerieten leichter in Stress.

Scham kann eine der stärksten Emotionen sein, das weiß man mittlerweile aus den Forschungsergebnissen: "Die Leute denken, dass jeder Stress die gleiche Wirkung auf den Körper hat, aber Stress, der dadurch entsteht, wie andere dich sehen, ist extrem stark, genauso stark oder stärker als Stress, der dadurch entsteht, dass du deinen Job verlierst oder zu hart arbeitest."

Über Frauen und Scham

Wenn du eine Frau bist, die unter dem ständigen Vergleich mit anderen Frauen leidet, kennst du vielleicht die Scham, die Frauen in unserer Kultur empfinden, wenn sie nicht den verinnerlichten und idealisierten Geschlechterrollenerwartungen entsprechen können. Genauso wie Frauen tiefe innere Verletzungen empfinden, wenn sie das Gefühl haben, dass sie dem Standard eines kulturell anerkannten Körpers nicht gerecht werden, fühlen sich auch Frauen, die sich überlastet fühlen, verletzt, wenn sie den Erwartungen, "gut genug" zu sein, in anderer Hinsicht nicht entsprechen können, was ihren inneren Stress noch größer macht. In den knapp 30 Jahren, in denen ich Frauen mit Herausforderungen berate, habe ich immer wieder festgestellt, dass Frauen mit Überlastungs- und Entscheidungsschwierigkeiten die Fähigkeit anderer Frauen, Multitasking zu betreiben, zu organisieren, zu aktivieren und Ablenkungen herauszufiltern, genauso idealisieren wie die Körperscham. Anstatt davon zu träumen, in eine Größe 36 zu passen, träumen diese Frauen jedoch davon, in eine andere, tief verinnerlichte Geschlechtererwartung zu passen, an der sie ihren Selbstwert messen und definieren. Diese Frauen sehnen sich nach einem Leben ohne Unordnung, ohne die allgegenwärtigen Stapel, die sie umgeben und verfolgen. Diese chronisch unordentlichen Frauen sehnen sich nach dem Tag, an dem sie in aller Ruhe auf eine unerwartete Person an ihrer Tür oder die unschuldige Bitte eines Freundes um eine ungeplante Mitfahrgelegenheit reagieren können, ohne in Panik zu geraten, dass ihre Unordnung aufgedeckt wird.

Da alle Anerkennung der alltäglichen Aufgaben ausbleiben, bestehen sie immer mehr darauf, ihre sinnvolle Arbeit, nährende Beziehungen oder kreative Leidenschaften aufzuschieben, bis sie perfekte organisatorische Fähigkeiten (d.h. ihre Größe 36) erreicht haben. Es ist ihnen peinlich und sie bleiben im Kampf des „Wenn alles in Ordnung ist in meinem Leben, dann darf ich mal all das machen, was ich mein Leben nenne" stecken. Andernfalls könnte man sie als Rabenmutter, Egoistin oder schlechte Person einstufen und das gilt es ja bekanntlich zu vermeiden.

Sie ist der festen Überzeugung, dass ihr Selbstwert davon abhängt. Das Wort "Akzeptanz" ist ihr ein Gräuel und bedeutet noch mehr Versagen. Sie verdoppelt ihre Planer und Tipps, Werkzeuge und Strategien, versteckt sich und gräbt immer tiefer in ihren Stapeln, wobei ihr authentisches Selbst immer mehr vergraben wird. Es entsteht ein heimtückisches Netz aus Verbergen und Scham. Ob es nun Körperscham ist oder die Scham der alltäglichen „Unzulänglichkeit" ist in den meisten Fällen egal. Was bleibt ist eine Art Fußabdruck auf der Seele.

Im Folgenden findest du hilfreiche Schritte, die du unternehmen kannst, um dich mit deiner Körperscham auseinanderzusetzen und dein Leben wieder selbst in die Hand zu nehmen:

-	Werde dir bewusst, wie oft du dich mit Frauen vergleichst, die gut organisiert sind, und nimm die kulturellen und vor allem werbenden Botschaften wahr, die du ständig aus den Medien und von deinem Umfeld aufnimmst. Höre durch die Brille einer Minderheit und beobachte, wie abwertend über diverse Frauen gesprochen wird. Achte auf deine Selbstgespräche in diesen Momenten und merke, wie sie deine Scham verstärken und deine Versuche, dich zu verstecken, noch verstärken.

- Sieh dich nach neuen weiblichen Vorbildern um. Das müssen nicht unbedingt Frauen sein, die du kennst; sie können auch in der Literatur oder in Filmen vorkommen. Ich habe zum Beispiel einen Artikel gelesen mit Bildern von Marilyn Monroe, in dem genau darauf hingewiesen wird, dass auch sie nicht superschlank war und mit Cellulite an den Beinen zu tun hatte, dennoch war sie supersexy und unglaublich viele Männer hätten einiges dafür gegeben ihre Bekanntschaft zu machen. Wenn du dir dann den Bauchansatz von Marilyn auf den Fotos anschaust, dann kannst du wesentlich milder über deinen eigenen Unterbrauch urteilen. Offensichtlich hat sie sich nicht durch ihre mangelnden Fähigkeiten definiert! Es ist wichtig, darüber nachzudenken, was passiert wäre, wenn sie gewartet hätte, bis sie eine bessere Figur gehabt hätte, bevor sie ihren Traum aufnahm!

- Lerne, mit dir selbst in der Sprache deiner gesamten Person zu sprechen. Anstatt nur deine Herausforderungen wahrzunehmen, könntest du zum Beispiel deine Sichtweise erweitern und sagen: "Ich habe Probleme mit der Organisation oder mit dem regelmäßigen Sport, aber ich bin klug und lustig und warmherzig und kreativ."

-        Mache den kleinsten erträglichen Schritt aus deiner Komfortzone in Richtung eines neuen Erfolgserlebnisses, das diese Sichtweise auf dich verändert. Mache einen Schritt zu etwas, das du schon immer gerne gemacht hast oder ausprobieren wolltest, auch wenn du nicht organisiert bist oder noch nicht dein Traumgewicht erreicht hast! Mach einen Yogakurs, geh spazieren, lies ein Buch, fang an, die erste Seite deines Romans zu schreiben, ruf einen Freund an, engagiere dich ehrenamtlich für eine sinnvolle Sache. Die positive Psychologie lehrt uns, das aufzubauen, was stark ist, und nicht nur zu versuchen, das Falsche zu beseitigen und uns darauf zu konzentrieren.

-        Beginne damit, deine Unordnung oder deine „Verschieberitis" zu tolerieren, indem du deine Herausforderungen annimmst, anstatt sie zu fürchten oder dich von ihnen überwältigen zu lassen. Suche dir eine Fachkraft, die dich als ganze Person betrachtet und sich nicht nur auf deine äußeren Symptome als Maßstab für deinen Erfolg konzentriert. Genau wie bei der Körperscham würdest du keine Hilfe von jemandem wollen, der sich dafür interessiert, wie viel Gewicht du in dieser Woche verloren hast, sondern der sich auf die Qualität deiner Gesundheit und deines Lebens konzentriert.

-       Lass deine starren Vorstellungen über dich selbst los und übe dich stattdessen darin, dein einzigartiges Dasein zu akzeptieren, Unterstützung für deine Herausforderungen zu bekommen und dich auf deine beständigen Kernqualitäten zu konzentrieren, damit du dich auf eine überzeugende neue Vision für dein Leben zubewegen kannst.

Scham und Missbrauch

Ich gehe hier nicht nur von dem sexuellen Missbrauch aus, sondern ebenso von mentalem, emotionalem und auch körperlichen Missbrauch. Für mich ist jegliches dauerhafte Unterdrücken oder auch allein die Anweisung nach Schlägen, nicht beleidigt oder traurig sein zu dürfen, ein ganz klarer Fall von Missbrauch! Das Wiederholen von Sätzen wie: „Du taugst zu nichts!" oder „Aus dir wird nie etwas!" oder „Wer dich mal heiratet, ist arm dran, wenn du überhaupt jemanden findest, der eine charakterlose Person wie dich, erträgt" ist für mich ganz klar Missbrauch!! Da wollen wir gar nicht von regelmäßigen Schlägen und Drohungen sprechen, die ein Kind in den Grundfesten erschüttern und es ein Leben lang nach einem Ort der Sicherheit und des Schutzes sucht, auf die Gefahr hin, dass es wieder an eine Person gerät, die es unterdrückt und fies ist.

Viele Menschen verinnerlichen Scham und die Auswirkungen von Missbrauch und halten an der Vorstellung fest, dass das, was sie jetzt fühlen, denken und erinnern, nicht richtig ist oder irgendwie ihre Schuld ist. Im Großen und Ganzen macht es die Gesellschaft den Menschen leider sehr leicht, indem sie ihre verurteilenden und unsensiblen Gedanken über die Opfer hegt und äußert. Sie werden als schwach und verletzlich zum Zeitpunkt des Vorfalls wahrgenommen, ein Zustand, den sie anscheinend hätten vermeiden können, wenn sie emotional stärker gewesen wären oder klüger gehandelt hätten. Oder sie werden als zu sensibel oder überreagierend wahrgenommen - ein Zustand, der mehr über die psychische Gesundheit des Opfers aussagt als über den Missbrauch, dem es ausgesetzt war. Beide Sichtweisen zementieren die Sichtweise des Opfers auf sich selbst - dass etwas mit ihm nicht stimmt, das Kennzeichen der Scham.

Schauen wir das genauer an: Angenommen, du zeigst mir eine Verletzung am Knie und ich sage nicht: "Oh, du hast dir wehgetan. Lass uns das verbinden. Wir kümmern uns darum und du schonst dich." Stattdessen sage ich: "Da ist nichts. Du blutest nicht. Du hättest besser aufpassen sollen!" Jetzt verpacke ich deine Verletzung in ein Glaubenssystem, das dich beschämt, indem es dich abweist, leugnet und beschuldigt. Du sagst: "Warum bin ich auch zu blöd um nicht zu stolpern und mich zu verletzen?" Genau dieses Glaubenssystem ist schwer neu zu programmieren, weil die erste Reaktion des Helfenden dich beschämt. Wenn dies die einzige Antwort ist, die du in solchen Situationen erhältst, bist du gefordert, eine liebevollere Sichtweise auf dich zu entwickeln. Es gibt einige Menschen, die in ihrer Kindheit durch die Hölle gegangen sind und es wirklich gut weggesteckt haben, das liegt aus meiner Erfahrung daran, dass sie die Hiebe sowohl verbaler als auch körperlicher Art von sich distanziert haben und sich geschworen haben, dass sie NIE auf das Geschwätz anderer Leute hören werden. Wenn so jemand in die Therapie geht, muss vorher klar sein, dass das „Geschwätz" des Therapeuten durch die errichtete Mauer hindurch darf, denn sonst wird aus dieser Therapie eine weitere nutzlose Therapie und das Therapie-Hopping beginnt.

Wie können wir uns von Scham heilen?

Wenn du von einem Helfenden oder sogar zur Tatzeit anwesenden Menschen verletzt und beschämt wurdest, also von jemandem, der dir einredet, dass das, was du erlebst doch alles nicht so schlimm ist, dann muss das durch die Art und Weise geheilt werden, wie jemand anderes das Erlebte bezeugt. Für mich heißt das, ich muss:

1) dich nicht abweisen, auch wenn dir jemand anderes einredet, dass es keine große Sache ist. Wenn du so tust, als sei es eine große Sache, dann muss ich akzeptieren, dass es für dich eine große Sache ist. Ich muss dir zutiefst glauben;

2) den Übergriff oder die Gefühle, den Schmerz oder die Verletzung, die aus dem Übergriff resultieren, nicht leugnen; und

3) dich nicht fragen, was du getan hast, um das Problem zu verursachen. Ich muss als heilender Helfer fungieren und nicht als beschämender Zeuge. Ich muss dich auf eine Art und Weise ansehen, die nicht beschämend ist. Es ist ein heilender Helfer oder ein liebender Zeuge, der dir zutiefst glaubt und deine Reaktionen unterstützt, dich sogar ermutigt, deine Gefühle anzuerkennen und sie manchmal auszudrücken, wie zum Beispiel: "Das tut immer noch weh. Das macht mich wütend." Wenn du diese Gefühle auf deine Situation anwendest, kann dein innerer Zeuge sagen: "Mir ist wirklich etwas passiert. Mit mir ist alles in Ordnung. Jemand hat mich verletzt."

4) die innere Fassungslosigkeit über das, was dir passiert ist oder über die Menschen, die in der Lage waren, dir das

anzutun, mit dir tragen. In den meisten Fällen ist es
einerseits die Scham, die einen erstarren lässt und
andererseits diese innere Fassungslosigkeit, die man oft in
den traurigen Augen des inneren Kindes oder tatsächlich
bei geschädigten Kindern sehr gut sehen kann.

5) Oftmals ist genau dieses Überzeugen des Gegenübers
oder das Gefühl „es muss mir nur richtig schlecht genug
gehen, dann wird irgendjemand verstehen und Mitgefühl
zeigen" der Hinderungsgrund zur tatsächlichen Heilung.
Hieraus entstehen verschiedene schambesetzte Fragen
und Haltungen, die ich in meiner Praxis häufig höre: "Etwas
stimmt nicht mit mir. Kannst du mir dabei helfen? Warum
tue ich diese Dinge in Beziehungen?" oder „Warum bin ich
so empfindlich? Hilf mir, nicht so zu sein." Oder „Warum
bin ich niedergeschlagen und deprimiert?" oder "Ich war
schon bei einem Psychiater. Ich war bei einem
Akupunkteur. Ich war bei zwei Therapeuten und kann
immer noch nicht herausfinden, was mit mir los ist."

Es ist klar, dass sie sich schämen, weil sie denken, dass sie
beschädigt sind oder sich beschädigt fühlen. Im Grunde
geht es in sehr vielen dieser Fälle um die Ohnmacht
niemanden zu haben, der eine Zeugenaussage machen
kann, für den Fall das diese Welt gerecht ist. Es ist das

innere hoffende Gefühl eines Kindes, das nicht alles, was es erlebt hat vollkommen vergessen und ungeahndet bleibt, sondern dass die Menschen, die es verletzt haben, irgendwann dafür bluten müssen oder es zumindest eine höhere Gerechtigkeit gibt. Aus diesem Grund wird auch sehr häufig ein chronischer Schmerz entstehen, besonders an den Stellen, die geschlagen wurden. Kinder, die sich nicht wehren können, brauchen Beweise und sind innerlich darauf eingestellt: „Das merke ich mir". Selbst wenn das Kind es vergessen würde, dann wird der Körper es merken und wenn dann die so sehr gewünschte Gerechtigkeit gefragt ist, dann hat das Kind Beweise!

Interessant in diesem Zusammenhang ist, dass die wohlwollenden, tröstenden Aussagen von „ist doch gar nicht so schlimm, schau nach vorne und lebe dein Leben" genau das Gegenteil bewirken, nämlich, dass das der innere Zustand noch schlechter wird, weil es nun um Verleugnung geht. Viele Erwachsene sind bei mir in der Praxis, die sich systematisch ihr Leben selbst zerstören um endlich die gewünschte und erhoffte Rettung von damals zu erleben und endlich das Gefühl von Gerechtigkeit zu haben. Das innere Kind in uns möchte so gerne an eine gute, gerechte Welt mit einem rettenden Gott oder wenigstens rettenden Engeln glauben, denn an die hat es sich in seiner Not häufig gewendet und auf Rettung gehofft. Also ergibt sich der unbewusste Satz, oder besser gesagt, das unbewusste Programm: „Wenn es mir nur schlecht genug geht, dann wird es jemand auffallen und es wird mich jemand aus der furchtbaren Lage retten und in Sicherheit bringen. Und solange niemand gekommen ist, geht es mir anscheinend nicht schlecht genug."

Wenn diese Warterei kein Ende nimmt, dann kommt die Scham auf. „Warum bin ich dem Universum, Gott, meinem Vater, meiner Mutter, meinem Mann, meiner Frau, meinen Kindern nichts wert? Die sehen doch wie sehr ich leide und keiner unternimmt etwas. Das muss an mir liegen! So viele Menschen erleben Wunder, nur ich nicht".

Diese Art von unterbewusstem Programm ist den meisten Therapeuten nicht sofort bewusst. Sie versuchen ein adäquateres Verhalten dem Patienten anzudienen und hoffen, dass durch die positiven Erfahrungen eine neue Sichtweise entsteht. Das wird nicht eintreffen, denn sowohl der Körper als auch die Anteile in uns drin, die schwer gelitten haben, lassen sich nicht überlisten und wollen auch nicht, dass über dieses Leiden mit reinem Trost hinweggesehen wird. Die Schmerzen sind doch die

Zeitzeugen der damaligen Tortur. Egal ob wir von seelischen oder körperlichen Schmerzen reden. Die Anerkennung des geleisteten Opfers, der geleisteten Tapferkeit und des Überlebens einer Hölle ist immer der erste Schritt in die Schmerzfreiheit.

Scham und Narzissmus

Narzissmus ist in Moment in aller Munde und wird sehr gern auch falsch verwendet. Mittlerweile ist jeder selbstbewusste Mensch, der nicht alles für seine Umwelt tun möchte und auch eigene Interessen hat, in der Gefahr zum Narzissten abgestempelt zu werden. Du darfst mich hier nicht falsch verstehen. Ich habe auch schon einige tatsächliche Narzissten kennenlernen dürfen und ich möchte privat nichts mit ihnen zu tun haben, da sie zu anstrengend sind. Aber das ist meine persönliche Einstellung, nach einigen Erfahrungen, die wirklich unnütz waren. In meiner Praxis habe ich überhaupt nichts gegen sie, da ich den Hintergrund verstehe und es besser ist, sie sind in einer Situation, in der sie meine Ratschläge annehmen als noch mehr Leichen in ihrem Keller.

Doch fangen wir von vorne an: Grundsätzlich gibt es eine Scham ÜBER dich und es gibt eine Scham IN dir.

Wenn du ein ansonsten anständiger Mensch bist und eine beschämende Tat begangen hast, ist die "Scham über dich" viel geringer als die "Scham in dir".

Wenn du ein Narzisst oder ein Psychopath bist, reicht die "Scham an dir" nicht aus, um dich blinzeln zu lassen, und die "Scham in dir" existiert nicht.

Bei Schuld geht es um falsches Tun, bei Scham um falsches Sein. Genau diese Gefühle fallen bei den wirklichen Narzissten weg.

Scham ist etwas anderes als Schuld. Bei Schuld geht es um Unrecht und du kannst deine Schuld lindern, indem du Wiedergutmachung leistest, Buße tust oder eine Strafe akzeptierst. Bei Scham geht es um dein Unrecht, d.h. du hast das Gefühl, dass etwas an dir falsch oder "schlecht" ist, das sich nicht so leicht beheben lässt. Bei echter Scham geht es nicht so sehr um die Schandtat, die du begangen hast, sondern um den Gedanken, dass etwas Schlechtes oder sogar Böses in dir sein muss, das dich dazu gebracht hat, eine so schändliche Tat zu begehen. Normalerweise ist dieses Schlechte oder Böse mit intensiven und tiefen Gefühlen von Wut, Neid oder Eifersucht verbunden (die dazu führen, dass du deinen Freunden Schlechtes wünschst) oder mit dem Gefühl, dass du dich tief in deinem Inneren um niemanden außer dir selbst kümmerst (selbst wenn du großzügig oder politisch korrekt handelst). Es ist eine tiefe Scham, die dazu führt, dass du dich des Erfolgs oder des Glücks nicht würdig fühlst oder es nicht verdienst.

Bösartige Narzissten oder Psychopathen hingegen haben nicht mit Scham oder Schuldgefühlen zu kämpfen, weil sie nicht nur das Gefühl haben, Erfolg, Glück und Bewunderung zu verdienen, sondern auch ein Anrecht darauf haben, selbst wenn sie nichts dafür getan haben, es zu verdienen. Solche Menschen hätten dieses Buch nur in den seltensten Fällen in die Hand genommen und jeden Ratschlag zu diesem Thema verhöhnt.

Das Wesentliche ist:

-       Versuche auf keinen Fall, dem natürlich Impuls zu folgen um dich in den Narzissten hineinzuversetzen. Das machen die meisten Menschen in der Hoffnung dann die Reaktionen vorherzusehen um sich selbst in eine sichere Position zu bringen bzw. nicht wieder im freien Fall zu enden aufgrund der fiesen Überraschung, die der Narzisst für dich parat hat.

-       Komm nicht auf die Idee von dir auf andere Menschen zu schließen, besonders nicht auf einen Narzissten. Alles was du als menschlich und normal empfindest, da empfindet der Narzisst nichts oder etwas komplett anderes. Alles, was du als menschliche Umgangsform empfindest, ist dem Narzissten herzlich unwichtig. Alles, was du als menschenwürdigen Umgang für dich einstufst, wird der Narzisst als unwichtig erachten. Alles, was du als Basis für ein menschenfreundliches Miteinander erachtest, wird der Narzisst umdrehen und in verachtendes Verhalten.

Ich habe in verschiedenen Seminaren schon mit einigen Menschen gearbeitet, die sich wirklich sehr lange Mühe gegeben haben um mit einem Narzissten gut zurechtzukommen und dabei sowohl erschöpft als auch zum Teil tatsächlich körperlich krank geworden sind. Einige haben noch Jahre später einen tiefen Schock in sich gespürt, sobald sie nur an den Narzissten dachten. Sofort kam ein klarer Bauchschmerz mit einer Übelkeit. Ich schreibe hier von dem Narzissten, was natürlich auch die weibliche Version beinhaltet. Wer einige Jahre mit einem Narzissten zusammengelebt hat, weiß oftmals nicht mehr wo das eigene Selbstvertrauen, der eigene Selbstwert und das eigene Rückgrat abgeblieben sind.

Wenn du nun zu den anständigen Menschen gehörst, solltest du diesen Ratschlag nicht verschmähen... meide Narzissten und Psychopathen! Wenn du mit einem zusammen bist, versuche nicht, ihn zu ändern, sondern

laufe weg. Diese Beziehung kostet dich mehr als dir lieb ist.

Mit Scham umgehen

Fragst du dich, wie du weniger Scham empfinden kannst? Es gibt drei wichtige Schritte zur Heilung deiner Scham. Der erste ist, deine Scham zu erforschen, anstatt sie zu vermeiden. Der zweite ist, deine Scham anzunehmen, und der dritte ist, sie zu akzeptieren. Im Folgenden gehe ich auf jeden dieser Schritte ein.

1. Erforsche deine Scham

Der erste Schritt, um deine Scham zu überwinden, besteht darin, zu verstehen, worum es sich dabei handelt. Das ist wichtig! Denn es ist unmöglich, dich von deiner Scham zu heilen, wenn du sie nicht als das erkannt hast, was sie ist.

Wenn du deine Scham erkennst und verstehst, woher sie kommt und wie sie deine aktuellen Entscheidungen (durch emotionale Erinnerungen) beeinflusst, kann das ein wichtiger Schritt sein, um zu verhindern, dass die Scham dein Leben beherrscht.

Eine Möglichkeit, deine Scham zu erkennen, besteht darin, dass du anfängst, auf deine Gefühle in verschiedenen Situationen zu achten.

Wann werden deine Schamgefühle ausgelöst? Und wenn du dich schämst, wie reagierst du dann oder wie fühlst du dich anders?

Wenn du dir nicht sicher bist, versuche, in einem Tagebuch über deine Schamgefühle zu schreiben. Du könntest vor allem über Ereignisse aus deiner Vergangenheit schreiben, bei denen du Scham empfunden hast oder die dich heute in deinen Schamgefühlen beeinflussen. Schreibe alle Gefühle und Gedanken auf, die du hast, und wie du auf die vergangene Situation reagiert hast.

Nimm dir als Nächstes etwas Zeit, um zu untersuchen, inwiefern Schamgefühle aus der Vergangenheit dich auch heute noch in Form von Schamgefühlen beeinflussen. Was hast du aus vergangenen Situationen über dich selbst gelernt? Indem du deine Scham ans Licht bringst, kannst du verhindern, dass sie einen Schatten auf dein jetziges Ich wirft.

2. Nimm deine Scham an

Jetzt, wo du deine Scham erkannt und anerkannt hast, ist es an der Zeit, daran zu arbeiten, deine Scham zu begrüßen und genauer kennenzulernen, wie einen Freund. Auch wenn es sich völlig blöd anfühlt, ist es für die Heilung deiner Schamgefühle notwendig, diese Gefühle aus deiner inneren Welt ans Tageslicht zu bringen.

Es ist ganz natürlich, dass du bei dieser Arbeit Abwehrmechanismen und Barrieren errichten willst. Deshalb ist es wichtig, dass du dir selbst Verständnis und Akzeptanz entgegenbringst und dich mit Menschen umgibst, die dir das Gleiche zeigen. Du brauchst einen sicheren Ort, an den du gehören kannst, und eine Gruppe, die dich mit gutmütiger Anerkennung überschüttet.

Wenn du das in deinem Leben noch nicht hast, solltest du dir diese Sicherheit von Freunden, deiner Familie oder tatsächlich einer Selbsthilfegruppe holen. Sollte das alles im Moment nicht in deinem Leben sein, dann wende dich an einen guten Therapeuten und nutze die Kraft deines Unterbewusstseins für eine Folge von Hypnose-Sitzungen, um dadurch dein Selbstvertrauen und auch dein Selbstbewusstsein aufzubauen. Denn mit diesen beiden

Faktoren fühlst du dich von innen in Sicherheit und das verschafft dir eine gute Basis um die Scham anzugehen. Bitte achte darauf, dass du wirklich zu einem guten Therapeuten gehst und nicht zu dem günstigsten oder örtlich nahen. Du musst ein gutes Gefühl haben in deiner Wahl. Manche Therapeuten bieten mittlerweile auch Online-Sitzungen an, womit die örtliche Nähe sich sehr relativiert.

Aber, was wirklich wichtig ist:

Erinnere dich daran, dass deine Zuneigung zu dir selbst bedingungslos (ohne Bedingungen) sein muss, wenn du dich schämst.

Sei ehrlich zu dir selbst und zu anderen Menschen.

Vermeide die Scham, die du fühlst, nicht. Sprich stattdessen über deine Gefühle und erzähle davon deinen engsten Freunden oder dem Therapeuten, damit das Gespenst der Scham, welche unbedingt versteckt und unterdrückt werden muss, keine Chance hat sich.

3. Akzeptanz anstreben

Während du diesen Prozess durchläufst, ist es wichtig, dass du deine Überzeugungen und Einstellungen zu dir selbst überdenkst. Jetzt ist es an der Zeit, die alten Überzeugungen, dass mit dir etwas nicht stimmt, zu verwerfen. Akzeptiere stattdessen deine neue Realität, dass du akzeptabel und liebenswert bist, so wie du bist.

Das hört sich zunächst schwierig an, aber mit der Zeit bist du sogar in der Lage auch großzügig mit dir selbst umzugehen. Du wirst auch die Tatsache akzeptieren, dass du Fehler machen kannst und das ist in Ordnung. In dieser Zeit solltest du dir unbedingt Notizen und Aufschriebe machen, denn diese werden dir helfen, Prioritäten zu setzen und Entscheidungen zu treffen. Ebenso rate ich dir zu einer ergänzenden Hypnotherapie um genau diesen Bereich in dir zu festigen.

Auch wenn dein eigener Heilungsprozess sehr persönlich ist, kann es sehr hilfreich sein, wenn du dich mit einer anderen Person, die dich versteht, auf den Weg machst.

Scham muss nicht länger bestimmen, wie du dich selbst siehst. Du kannst dich sogar dafür entscheiden, deine Scham zu erkennen und anzunehmen und sie dann hinter dir zu lassen. Wenn du zum Beispiel als Kind verlassen wurdest, schämst du dich vielleicht dafür, dass deine Eltern nicht bleiben wollten. In diesem Fall ist es besser, diese Scham zu erkennen und sie loszulassen, als an ihr festzuhalten.

Wenn du dich für einen bestimmten Aspekt deines Charakters schämst oder für etwas, wofür dich andere verurteilt haben, brauchst du wahrscheinlich eine gute Dosis gesunder Selbstliebe. Du brauchst dich oder deinen Charakter nicht zu ändern, um ein wertvoller Mensch zu sein. Wenn du dich selbst akzeptierst, wirst du weniger Scham empfinden und dich weiterentwickeln können.

Keine Schande für dich

Du bist so ausgerichtet, dass du dein Verhalten kritisch beurteilst, aber lass die Bewertung nicht auf dein ganzes Selbstverständnis überschwappen.

Ein kleiner Exkurs:

In den 1920er Jahren verbreitete sich unter Studenten in den USA eine seltsame Praxis, bei der junge Männer und Frauen Hauspartys besuchten, bei denen sie ihre Sünden in der Öffentlichkeit beichteten. Sie legten ihre tiefsten, dunkelsten und auch sexuellen Gedanken offen, so dass alle sie sehen und hören konnten. Böswillige Gefühle wurden offen geäußert. Nichts war zu tabu, um enthüllt zu werden. Diese Bewegung schockierte Eltern und Professoren - aber was konnte man gegen diese verrückten jungen Leute tun? Die Teilnehmerinnen und Teilnehmer berichteten von einem Gefühl der Befreiung: Sie wurden trotz ihres peinlichen Verhaltens von der Gruppe akzeptiert und erlebten eine ungewöhnliche Befreiung von der Scham, indem sie sich ihr direkt stellten.

Man könnte sagen, sie waren stolz darauf, ihre schändlichen Gedanken zu ertragen. Grundlegend ist die Tatsache, dass Menschen sich trotz Verhaltensweisen und Gedanken, die als Übertretungen galten, akzeptieren können. Tatsächlich wurden ihre Bekenntnisse zur Inspiration für die heutigen Anonymen Alkoholiker.

Scham und Stolz erweisen sich als zwei Seiten derselben emotionalen Münze - einer Münze, deren Währung der Selbstwert ist. Wir bewerten ständig unsere eigenen Eigenschaften und vergleichen sie dann gnadenlos mit denen anderer. Wir bewerten unsere Attraktivität, unsere Souveränität und sogar unseren IQ. Wenn wir bei einer der Eigenschaften, die wir am meisten schätzen, nicht mithalten können, schämen wir uns und fühlen uns inkompetent. Die meiste Scham entsteht, wenn wir zu viel verallgemeinern und die Bewertung eines bestimmten Merkmals auf unser gesamtes Selbst anwenden. Wir springen von "Ich habe es vermasselt" zu "Ich bin ein Versager", obwohl Welten zwischen den beiden Realitäten liegen. Sobald der Sprung gemacht ist, folgt die Scham.

Wie bereits mehrfach erwähnt: Scham erfüllt eine wichtige Funktion. Als soziale Wesen brauchen wir eine Reihe von schnell wirkenden Richtlinien für unser Verhalten, ein emotionsbasiertes System, das uns ermutigt, die Normen unserer jeweiligen Gruppe zu befolgen. Die Normen für einen einzelne Gruppen zu denen wir gehören, sind nicht dieselben. Trotz enormer Unterschiede in der Anwendung sind Stolz und Scham universelle Gefühle, die in allen Kulturen vorkommen. Wenn der Status sinkt, steigt das Gefühl der Scham: Männer, die sich in bei einer Veranstaltung prügeln, werden lieber verletzt, als dumm oder als Feigling dazustehen. Frauen vermeiden es, in Situationen zu kommen, die ihnen den Ruf einer "Schlampe" einbringen könnten - oder sie schämen sich, weil sie nicht herrisch oder "zickig" genug sind und sich von ihrem Partner etwas vorschreiben lassen. Oder sie schämen sich dafür, dass sie finanziell abhängig sind von ihrem Mann. Die Scham über die eigenen Leistungen oder deren Fehlen führt zu einer Reihe von praktischen und emotionalen Problemen. In jedem Fall verallgemeinern die Menschen zu sehr und sagen: "Wenn ich so lebe oder mich so verhalte, bin ich ein Versager und es ist nur eine Frage der Zeit, bis die anderen es merken".

Die Verallgemeinerung eines Merkmals auf das gesamte Selbst ist ein Erbe der früheren Jahrhunderte. Wenn wir früher etwas Dummes getan oder uns schlecht benommen haben, wusste das jeder in unserem Umfeld und es gab wahrscheinlich Konsequenzen, wobei die schlimmste Konsequenz der Ausschluss aus der Gemeinschaft war. Heute haben wir Glück, wenn sich jemand länger als 30 Minuten an unser Verhalten erinnert. Früher diente die Scham als Korrektiv. Das kann sie immer noch, aber im heutigen Leben ist sie genausooft unnötig. Deine Arbeitskollegen mögen dich vielleicht nicht, aber das bedeutet nicht, dass dein gesellschaftlicher Status für immer festgelegt ist. In der Umgebung deiner Vorfahren konnte die Ablehnung durch deinen Stamm und deine Sippe dagegen dauerhafte Verbannung oder Tod bedeuten. Für unsere Vorfahren, die in einer kleinen Gruppe von etwa hundert Menschen lebten, war es sehr wahrscheinlich, dass jeder von ihnen in einer bestimmten Fähigkeit oder Tätigkeit herausragend war. Statistisch gesehen sind die Chancen, in einer kleinen Gruppe der Beste zu sein, exponentiell höher als in der Weltbevölkerung, in der wir heute leben. Heutzutage vergleichen wir unsere Eigenschaften mit denen der

Besten. Wir vergleichen unser Aussehen mit dem von Berühmtheiten, deren Gesichter und Figuren die Medien füllen. Wir messen unsere Leistungen an denen der Menschen, die unsere Berufe beherrschen, von denen wir die meisten nur aus der Ferne beobachten.

Scham und Stolz ermöglichen es uns, unseren eigenen Status zu festzulegen. Scham ist eine Botschaft an sich selbst: "Ich verliere mein Gesicht, wenn ich mich schlecht verhalte."

In einem normalen Maße, in dem uns die Scham zu korrigierenden Maßnahmen motiviert, ist sie ein konstruktives Gefühl. Aber wenn sie uns lähmt, dann wird sie zu einer Störung.

Wir haben uns so entwickelt, dass wir auf sozialen Druck reagieren, was bedeutet, dass wir jede unserer Handlungen und Eigenschaften auf mögliche Peinlichkeiten und Beleidigungen für andere überwachen. Die ständige Selbstbeobachtung führt dazu, dass wir jedes potenzielle Vergehen, das wir begehen, aufgreifen und es aufbauschen. Die fehlgeleitete Selbstwertgefühl-Bewegung hat die Bewertung von Eigenschaften und die Bewertung des Selbst verwechselt. Ein Ergebnis ist, dass wir statt

Menschen, die sich gut fühlen und gute Leistungen erbringen, eher zerbrechliche Egos hervorgebracht haben. Aus Angst, erkannt zu werden, verbergen wir unser wahres Ich und arbeiten hart daran, eine großartige Fassade zu schaffen. Aber das lässt uns oft unerfüllt, denn selbst wenn wir eine überzeugende Fassade aufbauen, ist die Botschaft, die wir damit aussenden, klar - unser wahres Ich ist inakzeptabel. Die Botschaft "Ich sollte besser eine Fassade aufrechterhalten, damit ich nicht entdeckt werde" führt nur zu übermäßiger Scham. Sei du selbst, ohne dich zu erniedrigen - aber mit Sensibilität und dem Bewusstsein für die Auswirkungen deines Verhaltens auf andere. Es ist keine Schande, es zu versuchen.

Blamiere dich!

Wenn die Selbsteinschätzung zu lähmender Scham führt, kannst du einige einfache Schritte unternehmen, um dich aus dem emotionalen Sumpf zu befreien.

- Frage dich, ob du wirklich zu einer unmöglichen Person wirst, wenn du dich töricht verhältst. Neue

Aktivitäten mit neuen Menschen auszuprobieren ist befreiend und in der Regel das Risiko wert.

- Nimm dir das Recht heraus, albern auszusehen. Du wirst feststellen, dass dein Selbstvertrauen wächst.

- Akzeptiere deine Fehler. Selbst wenn du dich in der Vergangenheit dumm verhalten hast, nimm dir vor, es beim nächsten Mal besser zu machen.

- Bewerte deine Verhaltensweisen kritisch, wenn sie es rechtfertigen, aber weigere dich, dich selbst zu bewerten.

- Tu etwas gesellschaftlich "Beschämendes", um dir selbst zu zeigen, dass nichts Schlimmes passiert.

Ist Scham dein Kompass?

Es liegt in der menschlichen Natur, ein starkes Gefühl von Liebe und Zugehörigkeit in deinem Leben erfahren zu wollen. Viele Studien über Scham und Verletzlichkeit haben herausgefunden, dass es EINE Sache gibt, die diejenigen, die sich schämen und um dieses Gefühl der sicheren Verbindung zu anderen Menschen kämpfen, von denjenigen trennt, die in ihrem Leben Liebe und Zugehörigkeit erfahren können:

Ein Gefühl der Wertigkeit.

Um es mit anderen Worten zu beschreiben: Um Liebe und
Verbundenheit zu erfahren, müssen wir glauben, dass wir
ihrer würdig sind! Dass wir wertvoll genug sind.

Viele von uns glauben, dass wir der Akzeptanz und
Zugehörigkeit nicht würdig sind, und leben in der Angst,
abgelehnt, verlassen, verletzt, ungeliebt oder als Betrüger
entdeckt zu werden. Das basiert oft auf Erfahrungen in der
Kindheit und Jugend, die sich so schrecklich anfühlten, dass
wir denken, dass wir uns vor dem, was sich manchmal wie
eine emotionale Vernichtung anfühlt, schützen können,
wenn wir auf der Hut bleiben. Wir vermeiden
Verletzlichkeit und sprechen nicht darüber. Dann
verstecken wir uns hinter unserer Scham, indem wir uns
betäuben oder sie aus unserem Bewusstsein schieben. Bei
vielen von uns ist auch die Tendenz da, die negativen
Emotionen in einen Bereich des Körpers zu schieben, in der
Hoffnung, dass wir sie dadurch nicht länger fühlen müssen,
jedoch merkt sich der Körper alles und reagiert mit
chronischen Schmerzen oder gar Krankheit.

Die kurze Erklärung ist, dass das Gefühl, unwürdig zu sein, nicht auf der Realität beruht, sondern darauf, dass wir zu einem entscheidenden Zeitpunkt in unserer Kindheit und Jugend, aber mit Sicherheit zu einem einflussreichen Zeitpunkt in unserem Leben Worten oder Erfahrungen ausgesetzt waren, denen wir machtlos gegenüberstanden.

Diese Erfahrungen haben wir dann in das Gefühl umgewandelt, nicht gut genug zu sein. Wir fühlen uns im Stich gelassen, verwirrt über unsere Wahrnehmungen und Gefühle oder nicht liebenswert. Hierzu gibt es viele Beispiele, wobei du selbst prüfen kannst, ob etwas auf dich zutrifft.

Mögliche Kindheitserfahrungen sind:

-   der Druck und die Erwartung von ambitionierten Eltern immer nur Einsen schreiben zu müssen
-   in allem, was du tust, der/die Beste sein zu müssen
-   eine grundsätzliche Einstellung eines Perfektionisten haben zu müssen
-   Ergebnisse vorweisen zu müssen, die 100prozent Einsatz voraussetzen
-   Eltern, die dir sagen, dass du mit Kunst oder Musik nie Geld verdienen wirst

- die Tatsache, dass ein Elternteil dich im wahrsten Sinne des Wortes oder emotional verlassen hat
- ein Elternteil, was nie zu dir gehalten hat, sondern eher zum Lehrer, Trainer etc, was dazu führt, dass du dich als Kind nicht liebenswert oder wertvoll fühlst.

Jede dieser Erfahrungen ist auch mit einer gehörigen Portion Scham verbunden, und die Wahrheit ist, dass wir diese Scham nie loslassen werden, wenn wir sie nicht benennen - und sie wird weiterhin der Kompass unseres Lebens sein. Die Scham wird uns davon abhalten, Risiken einzugehen, von denen wir glauben, dass sie unsere Scham entlarven könnten – sowohl Risiken in Beziehungen als auch bei der Verfolgung unserer wahren Träume oder wenn wir uns erlauben, verletzlich zu sein.

Verletzt zu werden, bringt uns nicht um, aber wir denken, dass es uns umbringt. Denk daran, dass wir immer die Wahl haben, wie wir uns fühlen - solange wir uns dessen bewusst sind. Ja, du wirst manchmal verletzt werden. Aber was du mit dieser Verletzung machst, liegt an dir.

Schau dir an, wo die Scham in dir lebt. Identifiziere die Scham. Es ist nicht immer offensichtlich, aber Scham kann in geheimen Verstecken existieren, wie zum Beispiel: "Ich bin unattraktiv und deshalb nicht liebenswert" oder „Ich habe es verdient, dass mich diese Person so behandelt, denn ich habe früher Menschen auch nicht besonders gut behandelt" oder "Ich habe so dumme Fehler gemacht, als ich jünger war, wenn das jemand herausfindet, wird er mich für schrecklich halten" oder „ich habe auch schon etwas geklaut und wenn das jemand rauskriegt, dann wird nie wieder jemand mir etwas anvertrauen". Es können viele solcher Sätze in deinem Kopf sein. Schreibe sie einfach einmal für dich selbst auf, damit du genau erkennst, wo deine Angriffsfläche sitzt.

Wenn wir die Tatsache ignorieren, dass wir uns verletzlich fühlen, haben wir noch mehr Angst. Unsere Angst führt dazu, dass wir uns abkapseln und uns unseren Ängsten nicht stellen. Indem wir uns bewusst machen, dass wir unvollkommen und verletzlich sind, erkennen wir, dass wir alle der Liebe und Verbundenheit wert sind.

Scham und Verletzlichkeit sind einzigartig! Jeder Mensch empfindet diese Dinge auf verschiedenen Ebenen. Wenn wir nicht über sie sprechen oder sie nicht anerkennen, schaden sie uns, weil wir uns unwürdig fühlen.

Aus meiner Erfahrung ist es das Allerbeste und Einfachste an einer höheren Wertigkeit zu arbeiten. Weniger, wie es in der bisherigen Psychotherapie gern verbreitet ist, die Vergangenheit immer wieder zu besprechen und aufzuarbeiten, als vielmehr, sich nach der Anerkennung des Leides der Vergangenheit der eigenen Wertigkeit der Zukunft zuzuwenden. Also mit einem Plan eine eigene Wertigkeit verstärken, Hypnotherapie nutzen, damit das Unterbewusstsein nun doch die Wahrheit darüber schluckt, dass du sehr wohl wertvoll und genug bist für diese Welt. Dass du es sehr wohl verdienst geliebt zu werden, in Sicherheit zu sein, anzukommen und dazuzugehören.

Dass das alles bisher nicht in deinem Leben war, ist die Folge von den erlernten Erlebnissen und den Rückschlüssen, die dein Unterbewusstsein in der Vergangenheit für wahr angenommen hat. Es hat gelernt, dass du nicht wertvoll bist, dass deine Erwartungen an das Leben und an andere Menschen völlig unrealistisch sind und du besser davon Abstand nimmst, um nicht noch mehr schlechte Erfahrungen und Frustrationen zu erfahren, dass das Glück nur für andere Menschen da ist, nicht jedoch für dich, dass nur andere Menschen, die schön oder reich sind, geliebt werden und wahre Liebe erfahren dürfen usw. All diese Gedanken sind in deinem Unterbewusstsein gespeichert, so wie dein Rechner seine Programme nutzt, so nutzt dein Unterbewusstsein die eigenen Programme, um dich am Leben zu erhalten und dich auf den nächsten Tag vorzubereiten. Wenn nun dieses aktive Programm so aussieht, dass du es nicht wert bist oder dass du nicht gut genug bist, dann wird es dies einfach auch jeden Tag abspulen.

Genau hier setzen Hypnosen an! Denn, der Zustand der Hypnose ist einfach ein Zustand des optimalen Lernens- mehr nicht! So wie dein Unterbewusstsein gelernt hat, dass du es nicht wert bist, so kann es genauso gut diese Sache verlernen und stattdessen lernen, dass du wertvoll, wunderbar, liebenswert und absolut genug bist für diese Welt!

Hier sind ergänzend noch einige Möglichkeiten, mit diesem Bewusstsein zu arbeiten:

- ❖ Erkenne an, dass wir alle unvollkommen sind. Jeder Einzelne von uns. Genau das ist das Vollkommene an uns.
- ❖ Hör auf, anderen die Schuld zu geben, um den Schmerz zu betäuben, und erkenne stattdessen an, wo du stehst.
- ❖ Verlasse das Drama deiner Vergangenheit. Das Leben ist voll von Verrücktheiten, Verletzungen, Verwirrungen und Fehlern. Entscheide dich bewusst dafür, das Drama zu beerdigen.
- ❖ Sei sanfter und gutmütiger mit dir selbst.
- ❖ Höre auf dich selbst, auf dein Herz und deinen Bauch.
- ❖ Verurteile dich nicht selbst dauernd. Das ist ein Teufelskreis, der sich um den Satz "Ich bin nicht gut genug" gebaut hat, um dich davon abzuhalten, irgendeinen Schritt nach vorne zu machen.
- ❖ Benenne deine Scham - und sprich mit jemandem darüber, dem du vertraust. Das ist ungemein befreiend.

* Sei authentisch - nicht so, wie du glaubst, dass du sein sollst oder wie du anderen gefallen könntest, damit du dazugehören darfst.
* Nimm deine Einzigartigkeit an. Keiner ist wie der andere. Das ist das Schöne an diesem Leben.
* Wisse, dass du genug bist.
* Du - und alle anderen Menschen auf diesem Planeten - sind es wert, geliebt zu werden.

www.ingramcontent.com/pod-product-compliance
Lightning Source LLC
Chambersburg PA
CBHW061249250726
48653CB00002B/587